Yasmina Reza

Le dieu
du carnage

Gallimard

Yasmina Reza est écrivain. Ses œuvres sont adaptées dans plus de trente-cinq langues et ont reçu les deux prix anglo-saxons les plus prestigieux : le Laurence Olivier Award et le Tony Award. Parmi ses romans figurent notamment *Une désolation, Adam Haberberg, Dans la luge d'Arthur Schopenhauer* et *Heureux les heureux.* Ses pièces de théâtre, dont *Conversations après un enterrement, « Art », Le dieu du carnage* ou encore *Bella Figura,* sont jouées dans le monde entier.

VÉRONIQUE HOULLIÉ.
MICHEL HOULLIÉ.
ANNETTE REILLE.
ALAIN REILLE.

(Entre quarante et cinquante ans.)

Un salon.
Pas de réalisme.
Pas d'éléments inutiles.

Les Houllié et les Reille, assis face à face.
On doit sentir d'emblée qu'on est chez les
Houllié et que les deux couples viennent de
faire connaissance.

Au centre, une table basse, couverte de livres
d'art.
Deux gros bouquets de tulipes dans des pots.

Règne une atmosphère grave, cordiale et tolé-
rante.

VÉRONIQUE   Donc notre déclara-
tion… Vous ferez la vôtre de votre
côté… « Le 3 novembre, à dix-sept
heures trente, au square de l'Aspirant-

Dunant, à la suite d'une altercation ver-
bale, Ferdinand Reille, onze ans, armé
d'un bâton, a frappé au visage notre fils
Bruno Houllié. Les conséquences de
cet acte sont, outre la tuméfaction de la
lèvre supérieure, une brisure des deux
incisives, avec atteinte du nerf de l'inci-
sive droite. »

ALAIN   Armé ?

VÉRONIQUE   Armé ? Vous n'aimez pas
« armé », qu'est-ce qu'on met Michel,
muni, doté, muni d'un bâton, ça va ?

ALAIN   Muni oui.

MICHEL   Muni d'un bâton.

VÉRONIQUE, *corrigeant*   Muni. L'ironie
est que nous avons toujours considéré
le square de l'Aspirant-Dunant comme
un havre de sécurité, contrairement au
parc Montsouris.

MICHEL   Oui, c'est vrai. Nous avons toujours dit le parc Montsouris non, le square de l'Aspirant-Dunant oui.

VÉRONIQUE   Comme quoi. En tout cas nous vous remercions d'être venus. On ne gagne rien à s'installer dans une logique passionnelle

ANNETTE   C'est nous qui vous remercions. C'est nous.

VÉRONIQUE   Je ne crois pas qu'on ait à se dire merci. Par chance il existe encore un art de vivre ensemble, non ?

ALAIN   Que les enfants ne semblent pas avoir intégré. Enfin je veux dire le nôtre !

ANNETTE   Oui, le nôtre !... Et qu'est-ce qui va arriver à la dent dont le nerf est touché ?...

VÉRONIQUE   Alors on ne sait pas. On est réservé sur le pronostic. Apparemment le nerf n'est pas complètement exposé.

MICHEL   Il n'y a qu'un point qui est exposé.

VÉRONIQUE   Oui. Il y a une partie qui est exposée et une partie qui est encore protégée. Par conséquent, pour le moment, on ne dévitalise pas.

MICHEL   On essaie de donner une chance à la dent.

VÉRONIQUE   Ce serait quand même mieux d'éviter l'obturation canalaire.

ANNETTE   Oui…

VÉRONIQUE   Donc il y a une période

de suivi où on donne une chance au nerf pour récupérer.

MICHEL   En attendant, il va avoir des facettes en céramique.

VÉRONIQUE   De toute façon, on ne peut pas mettre de prothèse avant dix-huit ans.

MICHEL   Non.

VÉRONIQUE   Les prothèses définitives ne sont mises en place que lorsque la croissance est terminée.

ANNETTE   Bien sûr. J'espère que… J'espère que tout se passera bien.

VÉRONIQUE   Espérons.

Léger flottement.

ANNETTE   Elles sont ravissantes ces tulipes.

VÉRONIQUE   C'est le petit fleuriste du marché Mouton-Duvernet. Vous voyez, celui qui est tout en haut.

ANNETTE   Ah oui.

VÉRONIQUE   Elles arrivent tous les matins directement de Hollande, dix euros la brassée de cinquante.

ANNETTE   Ah bon !

VÉRONIQUE   Vous voyez, celui qui est tout en haut.

ANNETTE   Oui, oui.

VÉRONIQUE   Vous savez qu'il ne voulait pas dénoncer Ferdinand.

MICHEL   Non il ne voulait pas.

VÉRONIQUE   C'était impressionnant de voir cet enfant qui n'avait plus de visage, plus de dents et qui refusait de parler.

ANNETTE   J'imagine.

MICHEL   Il ne voulait pas le dénoncer aussi par crainte de passer pour un rapporteur devant ses camarades, il faut être honnête Véronique, il n'y avait pas que de la bravoure.

VÉRONIQUE   Certes, mais la bravoure c'est aussi un esprit collectif.

ANNETTE   Naturellement... Et comment... ? Enfin je veux dire comment avez-vous obtenu le nom de Ferdinand ?...

VÉRONIQUE   Parce que nous avons expliqué à Bruno qu'il ne rendait pas service à cet enfant en le protégeant.

MICHEL   Nous lui avons dit si cet enfant pense qu'il peut continuer à taper sans être inquiété, pourquoi veux-tu qu'il s'arrête ?

VÉRONIQUE   Nous lui avons dit si nous étions les parents de ce garçon, nous voudrions absolument être informés.

ANNETTE   Bien sûr.

ALAIN   Oui… *(Son portable vibre.)* Excusez-moi… *(Il s'écarte du groupe ; pendant qu'il parle, il sort un quotidien de sa poche.)*… Oui Maurice, merci de me rappeler. Bon, dans *Les Échos* de ce matin, je vous le lis… : « Selon une étude publiée dans la revue britannique *Lancet* et reprise hier dans le *F.T.*, deux chercheurs australiens auraient mis au jour les effets neurologiques de l'Antril, antihypertenseur des laboratoires Verenz-Pharma, allant de la baisse d'audition à l'ataxie. »… Mais qui fait la veille média chez vous ?… Oui c'est très emmerdant… Non, mais moi ce qui

m'emmerde c'est l'A.G.O., vous avez une Assemblée générale dans quinze jours. Vous avez provisionné ce litige ?… OK… Et, Maurice, Maurice, demandez au dircom s'il y a d'autres reprises… À tout de suite.
(Il raccroche.)… Excusez-moi.

MICHEL   Vous êtes…

ALAIN   Avocat.

ANNETTE   Et vous ?

MICHEL   Moi je suis grossiste en articles ménagers, Véronique est écrivain, et travaille à mi-temps dans une librairie d'art et d'histoire.

ANNETTE   Écrivain ?

VÉRONIQUE   J'ai participé à un ouvrage collectif sur la civilisation sabéenne, à partir des fouilles reprises à la fin du conflit entre l'Éthiopie et l'Érythrée. Et à présent, je sors en janvier un livre sur la tragédie du Darfour.

ANNETTE   Vous êtes spécialiste de l'Afrique.

VÉRONIQUE   Je m'intéresse à cette partie du monde.

ANNETTE   Vous avez d'autres enfants ?

VÉRONIQUE   Bruno a une sœur de neuf ans, Camille. Qui est fâchée avec son père parce que son père s'est débarrassé du hamster cette nuit.

ANNETTE   Vous vous êtes débarrassé du hamster ?

MICHEL   Oui. Ce hamster fait un bruit épouvantable la nuit. Ce sont des êtres qui dorment le jour. Bruno souffrait, il était exaspéré par le bruit du hamster. Moi, pour dire la vérité, ça faisait longtemps que j'avais envie de m'en débarrasser, je me suis dit ça suffit, je l'ai pris, je l'ai mis dans la rue. Je croyais que ces animaux aimaient les caniveaux, les égouts, pas du tout, il était pétrifié sur le trottoir. En fait, ce ne sont ni des animaux domestiques, ni des animaux sauvages, je ne sais pas où est leur milieu naturel. Fous-les dans une clairière, ils sont malheureux aussi. Je ne sais pas où on peut les mettre.

ANNETTE   Vous l'avez laissé dehors ?

VÉRONIQUE   Il l'a laissé, et il a voulu faire croire à Camille qu'il s'était enfui. Sauf qu'elle ne l'a pas cru.

ALAIN   Et ce matin, le hamster avait disparu ?

MICHEL   Disparu.

VÉRONIQUE   Et vous, vous êtes dans quelle branche ?

ANNETTE   Je suis conseillère en gestion de patrimoine.

VÉRONIQUE   Est-ce qu'on pourrait imaginer… pardonnez-moi de poser la question de façon directe, que Ferdinand présente ses excuses à Bruno ?

ALAIN   Ce serait bien qu'ils se parlent.

ANNETTE   Il faut qu'il s'excuse Alain. Il faut qu'il lui dise qu'il est désolé.

ALAIN   Oui, oui. Sûrement.

VÉRONIQUE   Mais est-ce qu'il est désolé ?

ALAIN   Il se rend compte de son geste. Il n'en connaissait pas la portée. Il a onze ans.

VÉRONIQUE   À onze ans on n'est plus un bébé.

MICHEL   On n'est pas non plus un adulte ! On ne vous a rien proposé, café, thé, est-ce qu'il reste du clafoutis Véro ? Un clafoutis exceptionnel !

ALAIN   Un café serré je veux bien.

ANNETTE   Un verre d'eau.

MICHEL, *à Véronique qui va sortir* Espresso pour moi aussi chérie, et apporte le clafoutis.
(Après un flottement.) Moi je dis toujours, on est un tas de terre glaise et de ça il faut faire quelque chose. Peut-être que ça ne prendra forme qu'à la fin. Est-ce qu'on sait ?

ANNETTE   Mmm.

MICHEL   Vous devez goûter le clafoutis. Ce n'est pas du tout évident un bon
clafoutis.

ANNETTE   C'est vrai.

ALAIN   Vous vendez quoi ?

MICHEL   De la quincaillerie d'ameu-
blement. Serrures, poignées de porte,
cuivre à souder, et des articles de
ménage, casseroles, poêles...

ALAIN   Ça marche ça ?

MICHEL   Vous savez, nous on n'a
jamais connu les années d'euphorie,
quand on a commencé c'était déjà
dur. Mais si je pars tous les matins avec
mon cartable et mon catalogue, ça
marche. On n'est pas comme dans le
textile, à la merci des saisons. Quoique
la terrine à foie gras, je la vends mieux
en décembre !

ALAIN   Oui…

ANNETTEV   Quand vous avez vu que le hamster était pétrifié, pourquoi ne l'avez-vous pas ramené à la maison ?

MICHEL   Parce que je ne pouvais pas le prendre dans mes mains.

ANNETTE   Vous l'aviez bien mis sur le trottoir.

MICHEL   Je l'ai apporté dans sa boîte et je l'ai renversé. Je ne peux pas toucher ces bêtes.

Véronique revient avec un plateau. Boissons et clafoutis.

VÉRONIQUE   Je ne sais pas qui a mis le clafoutis dans le frigo. Monica met tout dans le frigo, il n'y a rien à faire.
    Qu'est-ce qu'il vous dit Ferdinand ? Sucre ?

ALAIN   Non, non. À quoi il est votre clafoutis ?

VÉRONIQUE   Pommes et poires.

ANNETTE   Pommes et poires ?

VÉRONIQUE   Ma petite recette. *(Elle coupe le clafoutis et sert des parts.)* Il va être trop froid, c'est dommage.

ANNETTE   Pommes poires, c'est la première fois.

VÉRONIQUE   Pommes poires c'est classique mais il y a un truc.

ANNETTE   Ah bon ?

VÉRONIQUE   Il faut que la poire soit plus épaisse que la pomme. Parce que la poire cuit plus vite que la pomme.

ANNETTE   Ah voilà.

MICHEL   Mais elle ne dit pas le vrai
secret.

VÉRONIQUE   Laisse-les goûter.

ALAIN   Très bon. Très bon.

ANNETTE   Succulent.

VÉRONIQUE   … Des miettes de pain
d'épice !

ANNETTE   Bravo.

VÉRONIQUE   Un aménagement du
clafoutis picard. Pour être honnête, je
le tiens de sa mère.

ALAIN   Pain d'épice, délicieux… Au
moins ça nous permet de découvrir une
recette.

VÉRONIQUE   J'aurais préféré que mon fils ne perde pas deux dents à cette occasion.

ALAIN   Bien sûr, c'est ce que je voulais dire !

ANNETTE   Tu l'exprimes curieusement.

ALAIN   Pas du tout, je… *(Le portable vibre, il regarde l'écran.)*… Je suis obligé de prendre… Oui Maurice… Ah non, pas de droit de réponse, vous allez alimenter la polémique… Est-ce que ça a été provisionné ?… Mm, mm… C'est quoi ces troubles, c'est quoi l'ataxie ?… Et à dose normale ?… On le sait depuis quand ?… Et depuis ce temps-là vous ne l'avez pas retiré ?… Qu'est-ce que ça fait en chiffre d'affaires ?… Ah oui. Je comprends… D'accord. *(Il raccroche et compose aussitôt un autre numéro, tout en dévorant le clafoutis.)*

ANNETTE   Alain, sois un peu avec nous s'il te plaît.

ALAIN   Oui, oui, j'arrive… *(Portable.)* Serge ?… Ils connaissent les risques depuis deux ans… Un rapport interne mais aucun effet indésirable n'est formellement établi… Non, aucune mesure de précaution, ils n'ont pas provisionné, pas un mot dans le rapport annuel… Marche ébrieuse, problèmes d'équilibre, en gros tu as l'air bourré en permanence… *(Il rit avec son collaborateur.)*… Chiffre d'affaires, cent cinquante millions de dollars… Nier en bloc… Il voulait qu'on fasse un droit de réponse cet abruti. On ne va certainement pas faire un droit de réponse, par contre s'il y a des reprises on peut faire un communiqué genre c'est de l'intox à quinze jours de l'A.G.O… Il doit me rappeler… OK. *(Il raccroche.)*… En fait j'ai à peine eu le temps de déjeuner.

MICHEL   Servez-vous, servez-vous.

ALAIN   Merci. J'exagère. On disait quoi ?

VÉRONIQUE   Qu'il aurait été plus agréable de se rencontrer en d'autres circonstances.

ALAIN   Ah oui bien sûr.
Donc ce clafoutis, c'est votre mère ?

MICHEL   C'est une recette de ma mère mais c'est Véro qui l'a fait.

VÉRONIQUE   Ta mère ne mélange pas les poires et les pommes !

MICHEL   Non.

VÉRONIQUE   Elle va se faire opérer la pauvre.

ANNETTE   Ah bon ? De quoi ?

VÉRONIQUE   Du genou.

MICHEL   On va lui mettre une prothèse rotatoire en métal et polyéthylène.
Elle se demande ce qui va en rester
quand elle se fera incinérer.

VÉRONIQUE   Tu es méchant.

MICHEL   Elle ne veut pas être enter-
rée avec mon père. Elle veut être inciné-
rée et placée à côté de sa mère qui est
toute seule dans le Midi. Deux urnes qui
vont discuter face à la mer. Ha, ha !…

Flottement souriant.

ANNETTE   Nous sommes très touchés
par votre générosité, nous sommes sen-
sibles au fait que vous tentiez d'aplanir
cette situation au lieu de l'envenimer.

VÉRONIQUE   Franchement c'est la moindre des choses.

MICHEL   Oui !

ANNETTE   Non, non. Combien de parents prennent fait et cause pour leurs enfants de façon elle-même infantile. Si Bruno avait cassé deux dents à Ferdinand, est-ce qu'on n'aurait pas eu Alain et moi une réaction plus épidermique ? Je ne suis pas sûre qu'on aurait fait preuve d'une telle largeur de vues.

MICHEL   Mais si !

ALAIN   Elle a raison. Pas sûr.

MICHEL   Si. Parce que nous savons tous très bien que l'inverse aurait pu arriver.

Flottement.

VÉRONIQUE   Et Ferdinand qu'est-ce qu'il dit ? Comment il vit la situation ?

ANNETTE   Il ne parle pas beaucoup. Il est désemparé je crois.

VÉRONIQUE   Il réalise qu'il a défiguré son camarade ?

ALAIN   Non. Non, il ne réalise pas qu'il a défiguré son camarade.

ANNETTE   Mais pourquoi tu dis ça ? Ferdinand réalise bien sûr !

ALAIN   Il réalise qu'il a eu un comportement brutal, il ne réalise pas qu'il a défiguré son camarade.

VÉRONIQUE   Vous n'aimez pas le mot, mais le mot est malheureusement juste.

ALAIN   Mon fils n'a pas défiguré votre fils.

VÉRONIQUE   Votre fils a défiguré notre fils. Revenez ici à cinq heures, vous verrez sa bouche et ses dents.

MICHEL   Momentanément défiguré.

ALAIN   Sa bouche va dégonfler, quant à ses dents, s'il faut l'emmener chez le meilleur dentiste, je suis prêt à participer…

MICHEL   Les assurances sont là pour ça. Nous, nous voudrions que les garçons se réconcilient et que ce genre d'épisode ne se reproduise pas.

ANNETTE   Organisons une rencontre.

MICHEL   Oui. Voilà.

VÉRONIQUE   En notre présence ?

ALAIN   Ils n'ont pas besoin d'être coachés. Laissons-les entre hommes.

ANNETTE   Entre hommes Alain, c'est ridicule. Cela dit, on n'a peut-être pas besoin d'être là. Ce serait mieux si on n'était pas là, non ?

VÉRONIQUE   La question n'est pas qu'on soit là ou pas. La question est souhaitent-ils se parler, souhaitent-ils s'expliquer ?

MICHEL   Bruno le souhaite.

VÉRONIQUE   Mais Ferdinand ?

ANNETTE   On ne va pas lui demander son avis.

VÉRONIQUE   Il faut que ça vienne de lui.

ANNETTE   Ferdinand se comporte comme un voyou, on ne s'intéresse pas à ses états d'âme.

VÉRONIQUE   Si Ferdinand rencontre Bruno dans le cadre d'une obligation punitive, je ne vois pas ce qu'il peut en résulter de positif.

ALAIN   Madame, notre fils est un sauvage. Espérer de lui une contrition spontanée est irréel. Bon, je suis désolé, je dois retourner au cabinet. Annette, tu restes, vous me raconterez ce que vous avez décidé, de toute façon je ne sers à rien. La femme pense il faut l'homme, il faut le père, comme si ça servait à quelque chose. L'homme est un paquet qu'on traîne donc il est décalé et maladroit, ah vous voyez un bout de métro aérien, c'est marrant !

ANNETTE   Je suis confuse mais je ne peux pas m'attarder non plus… Mon mari n'a jamais été un père à poussette !…

VÉRONIQUE   C'est dommage. C'est merveilleux de promener un enfant. Ça passe si vite. Toi Michel, tu appréciais de prendre soin des enfants et tu conduisais la poussette avec joie.

MICHEL   Oui, oui.

VÉRONIQUE   Alors qu'est-ce qu'on décide ?

ANNETTE   Est-ce que vous pourriez passer à la maison vers dix-neuf heures trente avec Bruno ?

VÉRONIQUE   Dix-neuf heures trente ?… Qu'est-ce que tu en penses, Michel ?

MICHEL   Moi… Si je peux me permettre…

ANNETTE   Allez-y.

MICHEL   Je pense que c'est plutôt Ferdinand qui devrait venir.

VÉRONIQUE   Oui, je suis d'accord.

MICHEL   Ce n'est pas à la victime de se déplacer.

VÉRONIQUE   C'est vrai.

ALAIN   À dix-neuf heures trente je ne peux être nulle part moi.

ANNETTE   Nous n'avons pas besoin de toi puisque tu ne sers à rien.

VÉRONIQUE   Quand même, ce serait bien que son père soit là.

ALAIN, *portable vibre*   Oui mais alors pas ce soir, allô ?… Le bilan ne fait état de rien. Mais le risque n'est pas formellement établi. Il n'y a pas de preuve…
(Il raccroche.)

VÉRONIQUE   Demain ?

ALAIN   Demain je suis à La Haye.

VÉRONIQUE   Vous travaillez à La Haye ?

ALAIN   J'ai une affaire devant la Cour pénale internationale.

ANNETTE   L'essentiel c'est que les enfants se parlent. Je vais accompagner Ferdinand chez vous à dix-neuf heures trente et on va les laisser s'expliquer. Non ? Vous n'avez pas l'air convaincus.

VÉRONIQUE   Si Ferdinand n'est pas responsabilisé, ils vont se regarder en chiens de faïence et ce sera une catastrophe.

ALAIN   Que voulez-vous dire madame ? Que veut dire responsabilisé ?

VÉRONIQUE   Votre fils n'est sûrement pas un sauvage.

ANNETTE   Ferdinand n'est pas du tout un sauvage.

ALAIN   Si.

ANNETTE   Alain c'est idiot, pourquoi dire une chose pareille ?

ALAIN   C'est un sauvage.

MICHEL   Comment il explique son geste ?

ANNETTE   Il ne veut pas en parler.

VÉRONIQUE.   Il faudrait qu'il en parle.

ALAIN   Madame, il faudrait beaucoup de choses. Il faudrait qu'il vienne, il faudrait qu'il en parle, il faudrait qu'il regrette, vous avez visiblement des compétences qui nous font défaut, nous allons nous améliorer mais entre-temps soyez indulgente.

MICHEL   Allez, allez ! On ne va pas se quitter bêtement là-dessus !

VÉRONIQUE   Je parle pour lui, je parle pour Ferdinand.

ALAIN   J'avais bien compris.

ANNETTE   Asseyons-nous encore deux minutes.

MICHEL   Encore un petit café ?

ALAIN   Un café d'accord.

ANNETTE   Moi aussi alors. Merci.

MICHEL   Laisse Véro, j'y vais.

Flottement.

Annette déplace délicatement quelques-uns des nombreux livres d'art disposés sur la table basse.

ANNETTE   Vous êtes très amateur de peinture je vois.

VÉRONIQUE   De peinture. De photo. C'est un peu mon métier.

ANNETTE   J'adore Bacon aussi.

VÉRONIQUE   Ah oui, Bacon.

ANNETTE, *tournant les pages*   … Cruauté et splendeur.

VÉRONIQUE   Chaos. Équilibre.

ANNETTE   Oui…

VÉRONIQUE   Ferdinand s'intéresse à l'art ?

ANNETTE   Pas autant qu'il le faudrait... Vos enfants oui ?

VÉRONIQUE   On essaie. On essaie de compenser le déficit scolaire en la matière.

ANNETTE   Oui...

VÉRONIQUE   On essaie de les faire lire. De les emmener aux concerts, aux expositions. Nous avons la faiblesse de croire aux pouvoirs pacificateurs de la culture !

ANNETTE   Vous avez raison...

Retour de Michel avec les cafés.

MICHEL   Le clafoutis est-il un gâteau ou une tarte ? Question sérieuse. Je pensais dans la cuisine, pourquoi la Linzertorte est-elle une tarte ? Allez-y,

allez-y, on ne va pas laisser cette tran-
chette.

VÉRONIQUE   Le clafoutis est un
gâteau. La pâte n'est pas abaissée mais
mêlée aux fruits.

ALAIN   Vous êtes une vraie cuisinière.

VÉRONIQUE   J'aime ça. La cuisine il
faut aimer ça. De mon point de vue,
seule la tarte classique, c'est-à-dire pâte
aplatie, mérite le nom de tarte.

MICHEL   Et vous, vous avez d'autres
enfants ?

ALAIN   J'ai un fils d'un premier
mariage.

MICHEL   Je me demandais, bien que
ce soit sans importance, quel était le
motif de la dispute. Bruno est resté complètement muet sur ce point.

ANNETTE   Bruno a refusé de faire rentrer Ferdinand dans sa bande.

VÉRONIQUE   Bruno a une bande ?

ALAIN   Et il l'a traité de « balance ».

VÉRONIQUE   Tu savais que Bruno avait une bande ?

MICHEL   Non. Je suis fou de joie.

VÉRONIQUE   Pourquoi tu es fou de joie ?

MICHEL   Parce que moi aussi j'étais chef de bande.

ALAIN   Moi aussi.

VÉRONIQUE   Ça consiste en quoi ?

MICHEL   Tu as cinq, six gars qui t'aiment et qui sont prêts à se sacrifier pour toi. Comme dans *Ivanhoé.*

ALAIN   Comme dans *Ivanhoé*, exactement !

VÉRONIQUE   Qui connaît *Ivanhoé* aujourd'hui ?

ALAIN   Ils prennent un autre type. Un Spiderman.

VÉRONIQUE   Enfin je constate que vous en savez plus que nous. Ferdinand n'est pas resté aussi muet que vous voulez bien le dire. Et pourquoi il l'a traité de « balance » ? Non, c'est bête, c'est bête comme question. D'abord je m'en fiche, et ce n'est pas le sujet.

ANNETTE   On ne peut pas rentrer dans ces querelles d'enfant.

VÉRONIQUE   Ça ne nous regarde pas.

ANNETTE   Non.

VÉRONIQUE   En revanche ce qui nous
regarde, c'est ce qui s'est passé malheureusement. La violence nous regarde.

MICHEL   Quand j'étais chef de
bande, en septième, j'avais battu en
combat singulier Didier Leglu, qui était
plus fort que moi.

VÉRONIQUE   Qu'est-ce que tu veux dire
Michel ? Ça n'a rien à voir.

MICHEL   Non, non, ça n'a rien à voir.

VÉRONIQUE   On ne parle pas d'un
combat singulier. Les enfants ne se sont
pas battus.

MICHEL   Tout à fait, tout à fait. J'évo-
quais juste un souvenir.

ALAIN   Il n'y a pas une grande différence.

VÉRONIQUE   Ah si. Permettez-moi
monsieur, il y a une différence.

MICHEL   Il y a une différence.

ALAIN   Laquelle ?

MICHEL   Avec Didier Leglu, nous
étions d'accord pour nous battre.

ALAIN   Vous l'avez amoché ?

MICHEL   Sûrement un peu.

VÉRONIQUE   Bon, oublions Didier
Leglu. Est-ce que vous m'autorisez à
parler à Ferdinand ?

ANNETTE   Mais bien sûr !

VÉRONIQUE   Je ne voudrais pas le
faire sans votre accord.

ANNETTE   Parlez-lui. Il n'y a rien de plus normal.

ALAIN   Bonne chance.

ANNETTE   Arrête Alain. Je ne comprends pas.

ALAIN   Madame est animée…

VÉRONIQUE   Véronique. On va mieux s'en sortir si on ne s'appelle plus madame et monsieur.

ALAIN   Véronique, vous êtes mue par une ambition pédagogique, qui est sympathique…

VÉRONIQUE   Si vous ne voulez pas que je lui parle, je ne lui parle pas.

ALAIN   Mais parlez-lui, sermonnez-le, faites ce que vous voulez.

VÉRONIQUE   Je ne comprends pas que vous ne soyez pas davantage concerné.

ALAIN   Madame…

MICHEL   Véronique.

ALAIN   Véronique, je suis on ne peut plus concerné. Mon fils blesse un autre enfant…

VÉRONIQUE   Volontairement.

ALAIN   Vous voyez, c'est ce genre de remarque qui me raidit. Volontairement, nous le savons.

VÉRONIQUE   Mais c'est toute la différence.

ALAIN   La différence entre quoi et quoi ? On ne parle pas d'autre chose.

Notre fils a pris un bâton et a tapé le vôtre. On est là pour ça, non ?

ANNETTE   C'est stérile.

MICHEL   Oui, elle a raison, ce genre de discussion est stérile.

ALAIN   Pourquoi éprouvez-vous le besoin de glisser « volontairement » ? Quel type de leçon je suis censé recevoir ?

ANNETTE   Écoutez, nous sommes sur une pente ridicule, mon mari est angoissé par d'autres affaires, je reviens ce soir avec Ferdinand et on va laisser les choses se régler naturellement.

ALAIN   Je ne suis aucunement angoissé.

ANNETTE   Eh bien moi je le suis.

MICHEL   Nous n'avons aucune raison d'être angoissés.

ANNETTE   Si.

ALAIN, *portable vibre*   … Vous ne répondez pas… Aucun commentaire… Mais non, vous ne le retirez pas ! Si vous le retirez, vous êtes responsable… Retirer l'Antril, c'est reconnaître votre responsabilité ! Il n'y a rien dans les comptes annuels. Si vous voulez être poursuivi pour faux bilan et être débarqué dans quinze jours, retirez-le de la vente…

VÉRONIQUE   À la fête du collège, l'an dernier, c'était Ferdinand qui jouait Monsieur de… ?

ANNETTE   Monsieur de Pourceaugnac.

VÉRONIQUE   Monsieur de Pourceaugnac.

ALAIN   Les victimes on y pensera après l'Assemblée Maurice… On verra après l'Assemblée en fonction du cours…

VÉRONIQUE   Il était formidable.

ANNETTE   Oui…

ALAIN   On ne va pas retirer le médicament parce qu'il y a trois types qui marchent de traviole !… Vous ne répondez à rien pour le moment… Oui. À tout de suite… *(Coupe et appelle son collaborateur.)*

VÉRONIQUE   On se souvient bien de lui dans *Monsieur de Pourceaugnac.* Tu t'en souviens, Michel ?

MICHEL   Oui, oui…

VÉRONIQUE   Déguisé en femme, il était drôle.

ANNETTE   Oui…

ALAIN, *au collaborateur*   … Ils s'affolent,
ils ont les radios aux fesses, tu fais pré-
parer un communiqué qui ne soit pas
du tout un truc défensif, au contraire,
vous y allez au canon, vous insistez sur le
fait que Verenz-Pharma est victime d'une
tentative de déstabilisation à quinze jours
de son assemblée générale, d'où vient
cette étude, pourquoi elle tombe du ciel
maintenant, etc. Pas un mot sur le problème de santé, une seule question : qui
est derrière l'étude ?… Bien. *(Raccroche.)*

Court flottement.

MICHEL   Ils sont terribles ces labos.
Profit, profit.

ALAIN   Vous n'êtes pas censé partager
ma conversation.

MICHEL   Vous n'êtes pas obligé de l'avoir devant moi.

ALAIN   Si. Je suis tout à fait obligé de l'avoir ici. Contre mon gré, croyez bien.

MICHEL   Ils te fourguent leur camelote sans aucun état d'âme.

ALAIN   Dans le domaine thérapeutique, toute avancée est associée à un bénéfice et à un risque.

MICHEL   Oui, j'entends bien. N'empêche. Vous faites un drôle de métier quand même.

ALAIN   C'est-à-dire ?

VÉRONIQUE   Michel, ça ne nous regarde pas.

MICHEL   Un drôle de métier.

ALAIN   Et vous, vous faites quoi ?

MICHEL   Moi je fais un métier ordi-
naire.

ALAIN   C'est quoi un métier ordi-
naire ?

MICHEL   Je vends des casseroles je
vous l'ai dit.

ALAIN   Et des poignées de porte.

MICHEL   Et des mécanismes de WC.
Des tas d'autres choses encore.

ALAIN   Ah des mécanismes de WC.
J'aime bien ça. Ça m'intéresse.

ANNETTE   Alain.

ALAIN   Ça m'intéresse. Le mécanisme
de WC m'intéresse.

MICHEL   Pourquoi pas.

ALAIN   Vous en avez combien de
sortes ?

MICHEL   Il y a deux systèmes. À pous-
soir ou à tirette.

ALAIN   Ah oui.

MICHEL   Ça dépend de l'alimenta-
tion.

ALAIN   Eh oui.

MICHEL   Soit l'arrivée d'eau se fait
par le haut soit elle se fait par le bas.

ALAIN   Oui.

MICHEL   Je peux vous présenter un
de mes magasiniers, qui est spécialiste, si
vous voulez. Mais il faudra vous déplacer
à Saint-Denis-La Plaine.

ALAIN   Vous avez l'air très compétent.

VÉRONIQUE   Est-ce que vous comptez sanctionner Ferdinand d'une manière ou d'une autre ? Vous continuerez la plomberie dans un environnement plus adéquat.

ANNETTE   Je ne me sens pas bien.

VÉRONIQUE   Qu'est-ce que vous avez ?

ALAIN   Ah oui tu es pâle chérie.

MICHEL   Vous êtes pâlotte, c'est vrai.

ANNETTE   J'ai mal au cœur.

VÉRONIQUE   Mal au cœur ?... J'ai du Primpéran...

ANNETTE   Non, non... Ça va aller...

VÉRONIQUE   Qu'est-ce qu'on pourrait… ? Du Coca. Du Coca c'est très bon. *(Elle part aussitôt en chercher.)*

ANNETTE   Ça va aller…

MICHEL   Marchez un peu. Faites quelques pas.

Elle fait quelques pas.
Véronique revient avec le Coca-Cola.

ANNETTE   Vous croyez ?…

VÉRONIQUE   Oui, oui. À petites gorgées.

ANNETTE   Merci…

ALAIN, *il a rappelé discrètement son bureau* … Passez-moi Serge s'il vous plaît… Ah bon… Qu'il me rappelle, qu'il me rappelle tout de suite… *(Raccroche.)* C'est bon le Coca ? C'est bon pour la diarrhée plutôt ?

VÉRONIQUE   Pas uniquement. *(À Annette.)* Ça va ?

ANNETTE   Ça va... Madame, si nous souhaitons réprimander notre enfant, nous le faisons à notre façon et sans avoir de comptes à rendre.

MICHEL   Absolument.

VÉRONIQUE   Absolument quoi Michel ?

MICHEL   Ils font ce qu'ils veulent avec leur fils, ils sont libres.

VÉRONIQUE   Je ne trouve pas.

MICHEL   Tu ne trouves pas quoi Véro ?

VÉRONIQUE   Qu'ils soient libres.

ALAIN   Tiens. Développez. *(Portable vibre.)* Ah pardon... *(Au collaborateur.)*

Parfait… Mais n'oublie pas, rien n'est prouvé, il n'y a aucune certitude… Vous gourez pas, si on se loupe là-dessus, Maurice saute dans quinze jours et nous avec.

ANNETTE   Ça suffit Alain ! Ça suffit maintenant ce portable ! Sois avec nous merde !

ALAIN   Oui… Tu me rappelles pour me lire. *(Raccroche.)* Qu'est-ce qui te prend, tu es folle de crier comme ça ! Serge a tout entendu !

ANNETTE   Tant mieux ! Ça fait chier ce portable tout le temps !

ALAIN   Écoute Annette, je suis déjà bien gentil d'être ici…

VÉRONIQUE   C'est extravagant.

ANNETTE   Je vais vomir.

ALAIN   Mais non tu ne vas pas vomir.

ANNETTE   Si…

MICHEL   Vous voulez aller aux toilettes ?

ANNETTE, *à Alain*   Personne ne
t'oblige à rester…

VÉRONIQUE   Non, personne ne l'oblige
à rester.

ANNETTE   Ça tourne…

ALAIN   Regarde un point fixe. Regarde
un point fixe toutou.

ANNETTE   Va-t'en, laisse-moi.

VÉRONIQUE   Il vaudrait mieux qu'elle
aille aux toilettes quand même.

ALAIN   Va aux toilettes. Va aux toilettes si tu vas vomir.

MICHEL   Donne-lui du Primpéran.

ALAIN   Ça ne peut pas être le clafoutis quand même ?

VÉRONIQUE   Il est d'hier !

ANNETTE, *à Alain*   Ne me touche
pas !...

ALAIN   Calme-toi toutou.

MICHEL   S'il vous plaît, pourquoi
s'échauffer bêtement !

ANNETTE   Pour mon mari, tout ce
qui est maison, école, jardin est de mon
ressort.

ALAIN   Mais non !

ANNETTE   Si. Et je te comprends.
C'est mortel tout ça. C'est mortel.

VÉRONIQUE   Si c'est tellement mortel pourquoi mettre des enfants au monde ?

MICHEL   Peut-être que Ferdinand ressent ce désintérêt.

ANNETTE   Quel désintérêt ?!

MICHEL   Vous le dites vous-même…

Annette vomit violemment.
Une gerbe brutale et catastrophique qu'Alain reçoit pour partie.
Les livres d'art sur la table basse sont également éclaboussés.

MICHEL   Va chercher une bassine, va chercher une bassine !

Véronique court chercher une bassine tandis que Michel lui tend le plateau des cafés au cas où.
Annette a un nouveau haut-le-cœur mais rien ne sort.

ALAIN   Tu aurais dû aller aux toilettes toutou, c'est absurde !

MICHEL   C'est vrai que le costume a écopé !

Très vite, Véronique revient avec une cuvette et un torchon.
On donne la cuvette à Annette.

VÉRONIQUE   Ça ne peut pas être le clafoutis, c'est sûr que non.

MICHEL   Ce n'est pas le clafoutis, c'est nerveux. C'est nerveux ça.

VÉRONIQUE, *à Alain*   Vous voulez vous nettoyer dans la salle de bain ? Oh là là, le Kokoschka ! Mon Dieu !

Annette vomit de la bile dans la cuvette.

MICHEL   Donne-lui du Primpéran.

VÉRONIQUE   Pas tout de suite, elle ne peut rien ingurgiter là.

ALAIN   C'est où la salle de bain ?

VÉRONIQUE   Je vous montre.

Véronique et Alain sortent.

MICHEL   C'est nerveux. C'est une crise nerveuse. Vous êtes une maman Annette. Que vous le vouliez ou non. Je comprends que vous soyez angoissée.

ANNETTE   Mmm.

MICHEL   Moi je dis, on ne peut pas dominer ce qui nous domine.

ANNETTE   Mmm…

MICHEL   Chez moi, ça se met dans les cervicales. Blocage des cervicales.

ANNETTE   Mmm… *(Encore un peu de bile.)*

VÉRONIQUE, *revenant avec une autre cuvette dans laquelle il y a une éponge*   Qu'est-ce qu'on va faire avec le Kokoschka ?

MICHEL   Moi j'assainirais avec du Monsieur Propre… Le problème c'est le séchage… Ou alors tu nettoies à l'eau et tu mets un peu de parfum.

VÉRONIQUE   Du parfum ?

MICHEL   Mets mon *Kouros,* je ne l'utilise jamais.

VÉRONIQUE   Ça va gondoler.

MICHEL   On peut donner un coup de séchoir et aplatir avec d'autres livres par-dessus. Ou repasser comme avec les billets.

VÉRONIQUE   Oh là là…

ANNETTE   Je vous le rachèterai…

VÉRONIQUE   Il est introuvable ! Il est épuisé depuis longtemps !

ANNETTE   Je suis navrée…

MICHEL   On va le récupérer. Laisse-moi faire Véro.

Elle lui tend la cuvette d'eau et l'éponge avec dégoût.
Michel entreprend de nettoyer l'ouvrage.

VÉRONIQUE   C'est une réédition qui a plus de vingt ans du catalogue de l'exposition de 53 à Londres !…

MICHEL   Va chercher le séchoir. Et le *Kouros*. Dans le placard des serviettes.

VÉRONIQUE   Son mari est dans la salle
de bain.

MICHEL   Il n'est pas à poil ! (*Elle sort
tandis qu'il continue de nettoyer.*)... J'ai
enlevé le gros. Un petit coup sur les
Dolganes... Je reviens.

Il sort avec sa cuvette sale.

*Véronique et Michel reviennent presque
ensemble.*
*Elle avec le flacon de parfum, lui avec une
cuvette d'eau propre.*

Michel termine son nettoyage.

VÉRONIQUE, *à Annette*   Ça va mieux ?

ANNETTE   Oui..

VÉRONIQUE   Je pulvérise ?

MICHEL   Où est le séchoir ?

VÉRONIQUE   Il l'apporte dès qu'il a
fini.

MICHEL   On l'attend. On mettra le
Kouros au dernier moment.

ANNETTE   Je pourrais utiliser la salle
de bain moi aussi ?

VÉRONIQUE   Oui, oui. Oui, oui. Bien
sûr.

ANNETTE   Je ne sais pas comment
m'excuser…

Elle l'accompagne et revient aussitôt.

VÉRONIQUE   Quel cauchemar atroce !

MICHEL   Lui, faudrait pas qu'il me
pousse trop.

VÉRONIQUE   Elle est épouvantable
elle aussi.

MICHEL   Moins.

VÉRONIQUE   Elle est fausse.

MICHEL   Elle me gêne moins.

VÉRONIQUE   Ils sont épouvantables tous les deux. Pourquoi tu te mets de leur côté ? *(Elle pulvérise les tulipes.)*

MICHEL   Je ne me mets pas de leur côté, qu'est-ce que ça veut dire ?

VÉRONIQUE   Tu temporises, tu veux ménager la chèvre et le chou.

MICHEL   Pas du tout !

VÉRONIQUE   Si. Tu racontes tes exploits de chef de bande, tu dis qu'ils sont libres de faire ce qu'ils veulent avec leur fils alors que le gosse est un danger public, quand un gosse est un danger public c'est l'affaire de tout le monde, c'est dément qu'elle ait dégueulé sur mes livres ! *(Elle pulvérise le Kokoschka.)*

MICHEL, *indiquant*   Les Dolganes...

VÉRONIQUE   Quand on sent qu'on va gerber, on prend les devants.

MICHEL   ... Le Foujita.

VÉRONIQUE, *elle pulvérise tout*   C'est dégueulasse.

MICHEL   J'étais limite avec les mécanismes de chiottes.

VÉRONIQUE   Tu étais parfait.

MICHEL   J'ai bien répondu, non ?

VÉRONIQUE   Parfait. Le magasinier était parfait.

MICHEL   Quel merdeux. Comment il l'appelle ?!…

VÉRONIQUE   Toutou.

MICHEL   Ah oui, toutou !

VÉRONIQUE   Toutou ! (*Ils rient tous les deux.*)

ALAIN, *revenant, séchoir à la main*   Oui, je l'appelle toutou.

VÉRONIQUE   Oh… Pardon, ce n'était pas méchant… On se moque facilement des petits noms des autres ! Et nous, comment on s'appelle Michel ? Sûrement pire ?

ALAIN   Vous vouliez le séchoir ?

VÉRONIQUE   Merci.

MICHEL   Merci. (*S'emparant du séchoir.*) Nous on s'appelle darjeeling, comme le thé. À mon avis c'est nettement plus ridicule !

Michel branche l'appareil et entreprend de sécher les livres.
Véronique aplatit les feuilles mouillées.

MICHEL   Lisse bien, lisse bien.

VÉRONIQUE, *par-dessus le bruit et tandis qu'elle lisse*   Comment se sent-elle la pauvre, mieux ?

ALAIN   Mieux.

VÉRONIQUE   J'ai très mal réagi, j'ai honte.

ALAIN   Mais non.

VÉRONIQUE   Je l'ai accablée avec mon catalogue, je n'en reviens pas.

MICHEL   Tourne la page. Tends-la, tends-la bien.

ALAIN   Vous allez la déchirer.

VÉRONIQUE   C'est vrai... Ça suffit
Michel, c'est sec. On tient absurdement
à des choses, on ne sait même pas pourquoi au fond.

*Michel referme le catalogue qu'ils recouvrent
tous deux d'un petit monticule de gros livres.*

Michel sèche le Foujita, les Dolganes etc.

MICHEL   Et voilà ! Impec.
   Et d'où ça vient toutou ?

ALAIN   D'une chanson de Paolo
Conte qui fait wa, wa, wa.

MICHEL   Je la connais ! Je la connais !
(Chantonne.) Wa, wa, wa !... Toutou !
Ha ! ha !... Et nous c'est une variation
de darling, après un voyage de noces en
Inde. C'est con !

VÉRONIQUE   Je ne devrais pas aller la voir ?

MICHEL   Vas-y darjeeling.

VÉRONIQUE   J'y vais ?… *(Retour d'Annette.)*… Oh Annette ! Je m'inquiétais… Vous êtes mieux ?

ANNETTE   Je crois.

ALAIN   Si tu n'es pas sûre, tiens-toi loin de la table basse.

ANNETTE   J'ai laissé la serviette dans la baignoire, je ne savais pas où la mettre.

VÉRONIQUE   Idéal.

ANNETTE   Vous avez pu nettoyer. Je suis désolée.

MICHEL   Tout est parfait. Tout est en ordre.

VÉRONIQUE   Annette, excusez-moi, je ne me suis pour ainsi dire pas occupée de vous. Je me suis focalisée sur mon Kokoschka...

ANNETTE   Ne vous inquiétez pas.

VÉRONIQUE   J'ai eu une très mauvaise réaction.

ANNETTE   Mais non... *(Après un flottement gêné.)*... Je me suis dit une chose dans la salle de bain...

VÉRONIQUE   Oui ?

ANNETTE   Nous sommes peut-être trop vite passés sur... Enfin je veux dire...

MICHEL   Dites, dites Annette.

ANNETTE   L'insulte aussi est une agression.

MICHEL   Bien sûr.

VÉRONIQUE   Ça dépend Michel.

MICHEL   Oui ça dépend.

ANNETTE   Ferdinand ne s'est jamais montré violent. Il ne peut pas l'avoir été sans raison.

ALAIN   Il s'est fait traiter de balance !... *(Portable vibre.)*... Pardon !... *(S'écarte avec des signes d'excuse exagérés à Annette.)*... Oui... À condition qu'aucune victime ne s'exprime. Pas de victimes. Je ne veux pas que vous soyez à côté de victimes !... On nie en bloc et s'il le faut on attaque le journal... On vous faxe le projet de communiqué

Maurice. *(Raccroche.)*... Si on me traite
de balance, je m'énerve.

MICHEL   À moins que ce soit vrai.

ALAIN   Pardon ?

MICHEL   Je veux dire si c'est justifié.

ANNETTE   Mon fils est une balance ?

MICHEL   Mais non, je plaisantais.

ANNETTE   Le vôtre aussi si on va par là.

MICHEL   Comment ça le nôtre aussi ?

ANNETTE   Il a bien dénoncé Ferdinand.

MICHEL   Sur notre insistance !

VÉRONIQUE   Michel, on sort complètement du sujet.

ANNETTE   Peu importe. Sur votre insistance ou pas, il l'a dénoncé.

ALAIN   Annette.

ANNETTE   Quoi Annette ? *(À Michel.)* Vous pensez que mon fils est une balance ?

MICHEL   Je ne pense rien du tout.

ANNETTE   Alors si vous ne pensez rien, ne dites rien. Ne faites pas ces réflexions insinuantes.

VÉRONIQUE   Annette, gardons notre calme. Michel et moi nous efforçons d'être conciliants, et modérés...

ANNETTE   Pas si modérés.

VÉRONIQUE   Ah bon ? Pourquoi ?

ANNETTE   Modérés en surface.

ALAIN   Toutou, il faut vraiment que j'y aille…

ANNETTE   Sois lâche, vas-y.

ALAIN   Annette, en ce moment je risque mon plus gros client, alors ces pinailleries de parents responsables…

VÉRONIQUE   Mon fils a perdu deux dents. Deux incisives.

ALAIN   Oui, oui, on va finir par le savoir.

VÉRONIQUE   Dont une définitivement.

ALAIN   Il en aura d'autres, on va lui en mettre d'autres ! Des mieux ! On lui a pas crevé le tympan !

ANNETTE   Nous avons tort de ne pas considérer l'origine du problème.

VÉRONIQUE   Il n'y a pas d'origine. Il y a un enfant de onze ans qui frappe. Avec un bâton.

ALAIN   Armé d'un bâton.

MICHEL   Nous avons retiré ce mot.

ALAIN   Vous l'avez retiré parce que nous avons émis une objection.

MICHEL   Nous l'avons retiré sans discuter.

ALAIN   Un mot qui exclut délibérément l'erreur, la maladresse, qui exclut l'enfance.

VÉRONIQUE   Je ne suis pas sûre de pouvoir supporter ce ton.

ALAIN   Nous avons du mal à nous accorder vous et moi, depuis le début.

VÉRONIQUE   Monsieur, il n'y a rien de plus odieux que de s'entendre reprocher ce qu'on a soi-même considéré comme une erreur. Le mot « armé » ne convenait pas, nous l'avons changé. Cependant, si on s'en tient à la stricte définition du mot, son usage n'est pas abusif.

ANNETTE   Ferdinand s'est fait insulter et il a réagi. Si on m'attaque, je me défends surtout si je suis seule face à une bande.

MICHEL   Ça vous a requinquée de dégobiller.

ANNETTE   Vous mesurez la grossièreté de cette phrase.

MICHEL   Nous sommes des gens de bonne volonté. Tous les quatre, j'en suis sûr. Pourquoi se laisser déborder par des irritations, des crispations inutiles ?...

VÉRONIQUE   Oh Michel, ça suffit ! Cessons de vouloir temporiser. Puisque nous sommes modérés en surface, ne le soyons plus !

MICHEL   Non, non, je refuse de me laisser entraîner sur cette pente.

ALAIN   Quelle pente ?

MICHEL   La pente lamentable où ces deux petits cons nous ont mis ! Voilà !

ALAIN   J'ai peur que Véro n'adhère pas à cette vision des choses.

VÉRONIQUE   Véronique !

ALAIN   Pardon.

VÉRONIQUE   Bruno est un petit con maintenant le pauvre. C'est un comble !

ALAIN   Bon, allez, là vraiment il faut que je vous quitte.

ANNETTE   Moi aussi.

VÉRONIQUE   Allez-y, allez-y, moi je lâche prise.

Le téléphone des Houllié sonne.

MICHEL   Allô ?... Ah maman... Non, non, nous sommes avec des amis mais dis-moi. ... Oui, supprime-les, fais ce qu'ils te disent. ... Tu prends de l'Antril ?! Attends, attends maman ne quitte pas... *(À Alain.)* C'est l'Antril votre saloperie ? Ma mère en prend !...

ALAIN   Des milliers de gens en prennent.

MICHEL   Alors celui-là tu l'arrêtes immédiatement. Tu entends maman ? Sur-le-champ. ... Ne discute pas. Je t'expliquerai. … Tu dis au docteur Perolo que c'est moi qui te l'interdis. … Pourquoi rouges ?… Pour que qui te voie ?… C'est complètement idiot… Bon, on en reparle tout à l'heure. Je t'embrasse maman. Je te rappelle. *(Il raccroche.)*… Elle a loué des béquilles rouges pour ne pas se faire écraser par des camions. Au cas où dans son état elle irait se balader la nuit sur une autoroute. On lui donne de l'Antril pour son hypertension !

ALAIN   Si elle en prend et qu'elle a l'air normal, je la fais citer comme témoin. Je n'avais pas une écharpe ? Ah la voilà.

MICHEL   Je n'apprécie pas du tout votre cynisme. Si ma mère présente le moindre symptôme, vous me verrez en tête d'une class action.

ALAIN   On l'aura de toute façon.

MICHEL   Je le souhaite.

ANNETTE   Au revoir madame…

VÉRONIQUE   Ça ne sert à rien de bien se comporter. L'honnêteté est une idiotie, qui ne fait que nous affaiblir et nous désarmer…

ALAIN   Bon, allons-y Annette, on en a assez pour aujourd'hui en prêches et sermons.

MICHEL   Partez, partez. Mais laissez-moi vous dire : depuis que je vous ai rencontrés, il me semble que, comment s'appelle-t-il, Ferdinand a des circonstances assez atténuantes.

ANNETTE   Quand vous avez tué ce hamster…

MICHEL   Tué ?!

ANNETTE   Oui.

MICHEL   J'ai tué le hamster ?!

ANNETTE   Oui. Vous vous efforcez de nous culpabiliser, vous avez mis la vertu dans votre poche alors que vous êtes un assassin vous-même.

MICHEL   Je n'ai absolument pas tué ce hamster !

ANNETTE   C'est pire. Vous l'avez laissé tremblant d'angoisse dans un milieu hostile. Ce pauvre hamster a dû être mangé par un chien ou un rat.

VÉRONIQUE   Ça c'est vrai ! Ça c'est vrai !

MICHEL   Comment ça, ça c'est vrai !

VÉRONIQUE   Ça c'est vrai. Qu'est-ce que tu veux ! C'est affreux ce qui a dû arriver à cette bête.

MICHEL   Je pensais que le hamster serait heureux en liberté, pour moi il allait se mettre à courir dans le caniveau ivre de joie !

VÉRONIQUE   Il ne l'a pas fait.

ANNETTE   Et vous l'avez abandonné.

MICHEL   Je ne peux pas toucher ces bêtes ! Je ne peux pas toucher cette famille-là, merde, tu le sais bien Véro !

VÉRONIQUE   Il a peur des rongeurs.

MICHEL   Oui, je suis effrayé par les rongeurs, les reptiles me terrorisent, je n'ai aucune affinité avec ce qui est près du sol ! Voilà !

ALAIN, *à Véronique*   Et vous, pourquoi vous n'êtes pas descendue le chercher ?

VÉRONIQUE   Mais j'ignorais tout voyons ! Michel nous a dit aux enfants et à moi que le hamster s'était enfui le lendemain matin. Je suis descendue tout de suite, tout de suite, j'ai fait le tour du pâté, je suis même allée à la cave.

MICHEL   Véronique, je trouve odieux d'être subitement sur la sellette pour cette histoire de hamster que tu as cru bon de raconter. C'est une affaire personnelle qui ne regarde que nous et qui n'a rien à voir avec la situation présente ! Et je trouve inconcevable de me faire traiter d'assassin ! Dans ma maison !

VÉRONIQUE   Qu'est-ce que ta maison a à voir là-dedans ?

MICHEL   Une maison dont j'ouvre les portes, dont j'ouvre grand les portes dans un esprit de conciliation, à des gens qui devraient m'en savoir gré !

ALAIN   Vous continuez à vous jeter des fleurs, c'est merveilleux.

ANNETTE   Vous n'éprouvez pas de remords ?

MICHEL   Je n'éprouve aucun remords. Cet animal m'a toujours répugné. Je suis ravi qu'il ne soit plus là.

VÉRONIQUE   Michel c'est ridicule.

MICHEL   Qu'est-ce qui est ridicule ? Tu deviens folle toi aussi ? Leur fils tabasse Bruno et on me fait chier pour un hamster ?

VÉRONIQUE   Tu t'es très mal comporté avec ce hamster, tu ne peux pas le nier.

MICHEL   Je me fous de ce hamster !

VÉRONIQUE   Tu ne pourras pas t'en foutre ce soir avec ta fille.

MICHEL   Qu'elle vienne celle-là ! Je ne vais pas me faire dicter ma conduite par une morveuse de neuf ans !

ALAIN   Là je le rejoins, à cent pour cent.

VÉRONIQUE   C'est lamentable.

MICHEL   Attention Véronique, attention, jusqu'à maintenant je me suis montré pondéré mais je suis à deux doigts de verser de l'autre côté.

ANNETTE   Et Bruno ?

MICHEL   Quoi Bruno ?

ANNETTE   Il n'est pas triste ?

MICHEL   Bruno a d'autres soucis à mon avis.

VÉRONIQUE   Bruno était moins atta-
ché à Grignote.

MICHEL   Quel nom grotesque ça
aussi !

ANNETTE   Si vous n'éprouvez aucun
remords, pourquoi voulez-vous que
notre fils en éprouve ?

MICHEL   Je vais vous dire, toutes ces
délibérations à la con, j'en ai par-dessus
la tête. On a voulu être sympathiques,
on a acheté des tulipes, ma femme m'a
déguisé en type de gauche, mais la vérité
est que je n'ai aucun self-control, je suis
un caractériel pur.

ALAIN   On l'est tous.

VÉRONIQUE   Non. Non. Je regrette,
nous ne sommes pas tous des caracté-
riels.

ALAIN   Pas vous, bon.

VÉRONIQUE   Pas moi non, Dieu merci.

MICHEL   Pas toi darji, pas toi, toi tu es une femme évoluée, tu es à l'abri des dérapages.

VÉRONIQUE   Pourquoi tu m'agresses ?

MICHEL   Je ne t'agresse pas. Au contraire.

VÉRONIQUE   Si, tu m'agresses, tu le sais.

MICHEL   Tu as organisé ce petit raout, je me suis laissé embrigader…

VÉRONIQUE   Tu t'es laissé embrigader ?…

MICHEL   Oui.

VÉRONIQUE   C'est odieux.

MICHEL   Pas du tout. Tu milites pour la civilisation, c'est tout à ton honneur.

VÉRONIQUE   Je milite pour la civilisation, parfaitement ! Et heureusement qu'il y a des gens qui le font ! *(Au bord des larmes.)* Tu trouves que c'est mieux d'être un caractériel ?

ALAIN   Allons, allons...

VÉRONIQUE, *idem*   C'est normal de reprocher à quelqu'un de ne pas être caractériel ?...

ANNETTE   Personne ne dit ça. Personne ne vous fait ce reproche.

VÉRONIQUE   Si !... *(Elle pleure.)*

ALAIN   Mais non !

VÉRONIQUE   Qu'est-ce qu'il fallait faire ? Porter plainte ? Ne pas se parler et s'entre-tuer par assurances interposées ?

MICHEL   Arrête Véro…

VÉRONIQUE   Arrête quoi ?!…

MICHEL   C'est disproportionné…

VÉRONIQUE   Je m'en fiche ! On s'efforce d'échapper à la mesquinerie… et on finit humilié et complètement seul…

ALAIN, *portable ayant vibré*   … Oui… « Qu'ils le prouvent ! »… « Prouvez-le »… Mais de mon point de vue, il vaudrait mieux ne pas répondre…

MICHEL   On est tout le temps seul ! Partout ! Qui veut un petit coup de rhum ?

ALAIN   … Maurice, je suis en rendez-vous, je vous rappelle du bureau… *(Coupe.)*

VÉRONIQUE   Voilà. Je vis avec un être complètement négatif.

ALAIN   Qui est négatif ?

MICHEL   Moi.

VÉRONIQUE   C'était la pire idée du monde ! On n'aurait jamais dû faire cette réunion !

MICHEL   Je te l'avais dit.

VÉRONIQUE   Tu me l'avais dit ?

MICHEL   Oui.

VÉRONIQUE   Tu m'avais dit que tu voulais pas faire cette réunion ?!

MICHEL   Je ne trouvais pas que c'était une bonne idée.

ANNETTE   C'était une bonne idée...

MICHEL   Je vous en prie !... *(Levant la bouteille de rhum.)* Quelqu'un en veut ?...

VÉRONIQUE   Tu m'avais dit que ce n'était pas une bonne idée, Michel ?!

MICHEL   Il me semble.

VÉRONIQUE   Il te semble !

ALAIN   Un fond de verre je veux bien.

ANNETTE   Tu ne dois pas y aller ?

ALAIN   Je peux boire un petit verre, au point où on en est.

Michel sert Alain.

VÉRONIQUE   Regarde-moi dans les yeux et répète que nous n'étions pas d'accord sur cette question !

ANNETTE   Calmez-vous, Véronique, calmez-vous, ça n'a pas de sens…

VÉRONIQUE   Qui a empêché qu'on touche au clafoutis ce matin ? Qui a dit, on garde le reste du clafoutis pour les Reille ?! Qui l'a dit ?!

ALAIN   C'était sympa ça.

MICHEL   Quel rapport ?

VÉRONIQUE   Comment quel rapport ?!

MICHEL   Quand on reçoit des gens, on reçoit des gens.

VÉRONIQUE   Tu mens, tu mens ! Il ment !

ALAIN   Vous savez, personnellement, ma femme a dû me traîner. Quand on est élevé dans une idée johnwaynienne de la virilité, on n'a pas envie de régler ce genre de situation à coups de conversations.

MICHEL   Ha, ha !

ANNETTE   Je croyais que c'était Ivanhoé, le modèle.

ALAIN   C'est la même lignée.

MICHEL   C'est complémentaire.

VÉRONIQUE   Complémentaire ! Jusqu'où tu vas t'humilier Michel !

ANNETTE   Je l'ai traîné pour rien visiblement.

ALAIN   Tu espérais quoi toutou ? – C'est vrai que c'est ridicule ce surnom.

– Une révélation de l'harmonie univer-
selle ? Extra ce rhum.

MICHEL   Ah ! N'est-ce pas ! Cœur de
Chauffe, quinze ans d'âge, direct de
Sainte-Rose.

VÉRONIQUE   Et les tulipes, c'est qui !
J'ai dit c'est dommage qu'on n'ait plus
de tulipes mais je n'ai pas demandé
qu'on se rue à Mouton-Duvernet dès
l'aube.

ANNETTE   Ne vous mettez pas dans
cet état Véronique, c'est idiot.

VÉRONIQUE   C'est lui les tulipes ! Lui
seul ! On n'a pas le droit de boire nous
deux ?

ANNETTE   Nous en voulons aussi
Véronique et moi. Amusant entre
parenthèses quelqu'un qui se réclame
d'Ivanhoé et de John Wayne et qui n'est

pas capable de tenir une souris dans sa
main.

MICHEL   STOP avec ce hamster !
Stop !… *(Il sert un verre de rhum à Annette.)*

VÉRONIQUE   Ha, ha ! C'est vrai, c'est
risible !

ANNETTE   Et elle ?

MICHEL   Je ne pense pas que ce soit
nécessaire.

VÉRONIQUE   Sers-moi Michel.

MICHEL   Non.

VÉRONIQUE   Michel !

MICHEL   Non.

*Véronique tente de lui arracher la bouteille
des mains.*
Michel résiste.

ANNETTE   Qu'est-ce qui vous prend Michel ?!

MICHEL   Allez, tiens, vas-y ! Bois, bois, quelle importance.

ANNETTE   C'est mauvais pour vous l'alcool ?

VÉRONIQUE   C'est excellent. De toute façon qu'est-ce qui peut être mauvais ?... *(Elle s'effondre.)*

ALAIN   Bon... Alors, je ne sais pas...

VÉRONIQUE, *à Alain*   ... Monsieur, enfin...

ANNETTE   Alain.

VÉRONIQUE   Alain, nous n'avons pas d'atomes crochus vous et moi mais voyez, je vis avec un homme qui a décidé une bonne fois pour toutes que la vie était médiocre, c'est très difficile de vivre avec un homme qui s'est blotti dans ce parti pris, qui ne veut rien changer, qui ne s'emballe pour rien…

MICHEL   Il s'en tape. Il s'en tape complètement.

VÉRONIQUE   On a besoin de croire… de croire à une correction possible, non ?

MICHEL   C'est la dernière personne à qui tu peux raconter tout ça.

VÉRONIQUE   Je parle à qui je veux, merde !

MICHEL, *le téléphone sonne*   Qui nous fait chier encore ?… Oui maman… Il va bien. Enfin il va bien, il est édenté mais il va bien… Si, il a mal. Il a mal mais ça passera. Maman je suis occupé là, je te rappelle.

ANNETTE   Il a encore mal ?

VÉRONIQUE   Non.

ANNETTE   Pourquoi inquiéter votre mère ?

VÉRONIQUE   Il ne peut pas faire autrement. Il faut toujours qu'il l'inquiète.

MICHEL   Bon ça suffit maintenant Véronique ! C'est quoi ce psychodrame ?

ALAIN   Véronique, est-ce qu'on s'intéresse à autre chose qu'à soi-même ? On voudrait bien tous croire à une correction possible. Dont on serait l'artisan et qui serait affranchie de notre propre bénéfice. Est-ce que ça existe ? Certains hommes traînent, c'est leur manière, d'autres refusent de voir le temps passer, battent le fer, quelle différence ? Les hommes s'agitent jusqu'à ce qu'ils soient morts. L'éducation, les malheurs du monde... Vous écrivez un livre sur le Darfour, bon, je comprends qu'on puisse se dire, tiens, je vais prendre un massacre, il n'y a que ça dans l'histoire, et je vais écrire dessus. On se sauve comme on peut.

VÉRONIQUE   Je n'écris pas ce livre pour me sauver moi. Vous ne l'avez pas lu, vous ne savez pas ce qu'il y a dedans.

ALAIN   Peu importe.

Flottement.

VÉRONIQUE   C'est terrible cette odeur de *Kouros* !...

MICHEL   Abominable.

ALAIN   Vous n'y avez pas été de main morte.

ANNETTE   Pardon.

VÉRONIQUE   Vous n'y êtes pour rien.
C'est moi qui ai pulvérisé névrotique-
ment. … Et pourquoi ne peut-on être
légers, pourquoi faut-il toujours que les
choses soient exténuantes ?…

ALAIN   Vous raisonnez trop. Les
femmes raisonnent trop.

ANNETTE   Une réponse originale, qui
vous déconcerte agréablement je sup-
pose.

VÉRONIQUE   Je ne sais pas ce que
veut dire raisonner trop. Et je ne vois
pas à quoi servirait l'existence sans une
conception morale du monde.

MICHEL   Voyez ma vie !

VÉRONIQUE   Tais-toi ! Tais-toi !
J'exècre cette connivence minable ! Tu
me dégoûtes !

MICHEL   Un peu d'humour s'il te plaît.

VÉRONIQUE   Je n'ai aucun humour. Et je n'ai pas l'intention d'en avoir.

MICHEL   Moi je dis, le couple, la plus terrible épreuve que Dieu puisse nous infliger.

ANNETTE   Parfait.

MICHEL   Le couple, et la vie de famille.

ANNETTE   Vous n'êtes pas censé nous faire partager vos vues Michel. Je trouve ça même un peu indécent.

VÉRONIQUE   Ça ne le gêne pas.

MICHEL   Vous n'êtes pas d'accord ?

ANNETTE   Ces considérations sont hors de propos. Alain, dis quelque chose.

ALAIN   Il a le droit de penser ce qu'il veut.

ANNETTE   Il n'est pas obligé d'en faire la publicité.

ALAIN   Oui, bon, peut-être...

ANNETTE   On se fiche de leur vie conjugale. On est là pour régler un problème d'enfants, on se fiche de leur vie conjugale.

ALAIN   Oui, enfin...

ANNETTE   Enfin quoi ? Qu'est-ce que tu veux dire ?

ALAIN   C'est lié.

MICHEL   C'est lié ! Bien sûr que c'est lié !

VÉRONIQUE   Que Bruno se fasse cas-
ser deux dents est lié à notre vie conjugale ?!

MICHEL   Évidemment.

ANNETTE   Nous ne vous suivons pas.

MICHEL   Renversez la proposition. Et
admirez la situation où nous sommes. Les
enfants absorbent notre vie, et la désagrègent. Les enfants nous entraînent au
désastre, c'est une loi. Quand tu vois les
couples qui s'embarquent en riant dans
le matrimonial, tu te dis ils ne savent
pas, ils ne savent rien les pauvres, ils sont
contents. On ne vous dit rien au départ.
J'ai un copain de l'armée qui va avoir un
enfant avec une nouvelle fille. Je lui ai
dit, un enfant à nos âges, quelle folie !
Les dix, quinze ans qui nous restent de
bons avant le cancer ou le stroke, tu vas
te faire chier avec un môme ?

ANNETTE   Vous ne pensez pas ce que vous dites.

VÉRONIQUE   Il le pense.

MICHEL   Bien sûr que je le pense. Je pense même pire.

VÉRONIQUE   Oui.

ANNETTE   Vous vous avilissez Michel.

MICHEL   Ah bon ? Ha, ha !

ANNETTE   Arrêtez de pleurer Véronique, vous voyez bien que ça le galvanise.

MICHEL, *à Alain qui remplit son verre vide*   Allez-y, allez-y, exceptionnel non ?

ALAIN   Exceptionnel.

MICHEL   Je peux vous offrir un cigare ?...

VÉRONIQUE   Non, pas de cigare ici !

ALAIN   Tant pis.

ANNETTE   Tu ne t'apprêtais pas à fumer un cigare Alain !

ALAIN   Je fais ce que je veux Annette, si je veux accepter un cigare, j'accepte un cigare. Que je ne fumerai pas pour ne pas énerver Véronique qui est déjà plus qu'à cran. Elle a raison, arrêtez de renifler, quand une femme pleure, un homme est aussitôt poussé aux dernières extrémités. Encore que le point de vue de Michel, j'ai le regret de le dire, soit parfaitement fondé. *(Vibration du portable.)*... Oui Serge... Vas-y... Mets Paris, le... et une heure précise...

ANNETTE   C'est infernal !

ALAIN, *s'écartant et à voix feutrée pour échapper au courroux* … L'heure à laquelle tu l'envoies. Il faut que ce soit tout chaud sorti du four. … Non, pas « s'étonne ». « Dénonce ». S'étonne c'est mou…

ANNETTE Je vis ça du matin au soir, du matin au soir il est accroché à ce portable ! Nous avons une vie hachée par le portable !

ALAIN Heu… Une seconde… *(Couvrant le téléphone.)*… Annette, c'est très important !…

ANNETTE C'est toujours très important. Ce qui se passe à distance est toujours plus important.

ALAIN, *reprenant* … Vas-y… Oui… Pas « procédé ». « Manœuvre ». Une manœuvre, qui intervient à quinze jours de la reddition des comptes etc.

ANNETTE   Dans la rue, à table, n'importe où...

ALAIN   ... Une étude entre guillemets ! Tu mets étude entre guillemets. ...

ANNETTE   Je ne dis plus rien. Capitulation totale. J'ai de nouveau envie de vomir.

MICHEL   Où est la cuvette ?

VÉRONIQUE   Je ne sais pas.

ALAIN   ... Tu n'as qu'à me citer : « Il s'agit d'une lamentable tentative de manipulation du cours... »

VÉRONIQUE   Elle est là. Je vous en prie, allez-y.

MICHEL   Véro.

VÉRONIQUE   Tout va bien. On est équipés maintenant.

ALAIN   « ... du cours et de déstabilisation de mon client », affirme maître Reille, avocat de la société Verenz-Pharma. ... A.F.P., Reuter, presse généraliste, presse spécialisée, tutti frutti... (*Raccroche.*)

MICHEL   Elle a de nouveau envie de vomir.

ALAIN   Mais qu'est-ce que tu as !

ANNETTE   Ta tendresse me touche.

ALAIN   Je m'inquiète !

ANNETTE   Excuse-moi. Je n'avais pas compris.

ALAIN   Oh Annette, je t'en prie ! On ne va pas s'y mettre nous aussi ! Ils s'engueulent, leur couple est déliquescent, on n'est pas obligés de leur faire concurrence !

VÉRONIQUE   Qu'est-ce qui vous permet de dire que notre couple est déliquescent ! De quel droit ?

ALAIN, *portable vibre*   … On vient de me le lire. On vous l'envoie Maurice… Manipulation, manipulation du cours. À tout de suite. *(Raccroche.)*… Ce n'est pas moi qui le dis c'est François.

VÉRONIQUE   Michel.

ALAIN   Michel, pardon.

VÉRONIQUE   Je vous défends de porter le moindre jugement sur notre famille.

ALAIN   Ne portez pas de jugement sur mon fils non plus.

VÉRONIQUE   Mais ça n'a rien à voir ! Votre fils a brutalisé le nôtre !

ALAIN   Ils sont jeunes, ce sont des gamins, de tout temps les gamins se sont castagnés dans les cours de récré. C'est une loi de la vie.

VÉRONIQUE   Non, non !…

ALAIN   Mais si. Il faut un certain apprentissage pour substituer le droit à la violence. À l'origine je vous rappelle, le droit c'est la force.

VÉRONIQUE   Chez les hommes préhistoriques peut-être. Pas chez nous.

ALAIN   Chez nous ! Expliquez-moi chez nous.

VÉRONIQUE   Vous me fatiguez, je suis fatiguée de ces conversations.

ALAIN   Véronique, moi je crois au dieu du carnage. C'est le seul qui gouverne, sans partage, depuis la nuit des temps. Vous vous intéressez à l'Afrique n'est-ce pas… *(À Annette qui a un haut-le-cœur.)*… Ça ne va pas ?…

ANNETTE   Ne t'occupe pas de moi.

ALAIN   Mais si.

ANNETTE   Tout va bien.

ALAIN   Il se trouve que je reviens du Congo, voyez-vous. Là-bas, des gosses sont entraînés à tuer à l'âge de huit ans. Dans leur vie d'enfant, ils peuvent tuer des centaines de gens, à la mâchette, au twelve, au kalachnikov, au grenade launcher, alors comprenez que lorsque mon fils casse une dent, même deux,

à un camarade avec une tige de bam-
bou, square de l'Aspirant-Dunant, je sois
moins disposé que vous à l'effroi et à
l'indignation.

VÉRONIQUE   Vous avez tort.

ANNETTE, *accentuant l'accent anglais*
Grenade launcher !…

ALAIN   Oui, c'est comme ça que ça
s'appelle.

Annette crache dans la cuvette.

MICHEL   Ça va ?

ANNETTE   … Parfaitement.

ALAIN   Mais qu'est-ce que tu as ?
Qu'est-ce qu'elle a ?

ANNETTE   C'est de la bile ! C'est rien !

VÉRONIQUE   Ne m'apprenez pas l'Afrique. Je suis très au fait du martyre africain, je suis plongée dedans depuis des mois…

ALAIN   Je n'en doute pas. D'ailleurs le procureur de la C.P.I. a ouvert une enquête sur le Darfour…

VÉRONIQUE   Vous ne pensez pas me l'apprendre ?

MICHEL   Ne la lancez pas là-dessus ! Par pitié !

Véronique se jette sur son mari et le tape, plusieurs fois, avec un désespoir désordonné et irrationnel.
Alain la tire.

ALAIN   Je commence à vous trouver sympathique vous savez !

VÉRONIQUE   Pas moi !

MICHEL   Elle se déploie pour la paix et la stabilité dans le monde.

VÉRONIQUE   Tais-toi !

Annette a un haut-le-cœur.
Elle prend son verre de rhum et le porte à sa bouche.

MICHEL   Vous êtes sûre ?

ANNETTE   Si, si, ça me fera du bien.

Véronique l'imite.

VÉRONIQUE   Nous vivons en France. Nous ne vivons pas à Kinshasa ! Nous vivons en France avec les codes de la société occidentale. Ce qui se passe square de l'Aspirant-Dunant relève des valeurs de la société occidentale ! À laquelle, ne vous déplaise, je suis heureuse d'appartenir !

MICHEL   Battre son mari doit faire partie des codes…

VÉRONIQUE   Michel, ça va mal se terminer.

ALAIN   Elle s'est jetée sur vous avec une furia. À votre place, je serais attendri.

VÉRONIQUE   Je peux recommencer tout de suite.

ANNETTE   Il se moque de vous, vous vous en rendez compte ?

VÉRONIQUE   Je m'en fous.

ALAIN   Au contraire. La morale nous prescrit de dominer nos pulsions mais parfois il est bon de ne pas les dominer. On n'a pas envie de baiser en chantant l'*Agnus Dei*. On le trouve ici ce rhum ?

MICHEL   De ce millésime, m'étonne-
rait !

ANNETTE   Grenade launcher ! Ha,
ha !...

VÉRONIQUE, *idem*   Grenade launcher,
c'est vrai !

ALAIN   Oui. Grenade launcher.

ANNETTE   Pourquoi tu ne dis pas lanceur de grenades ?

ALAIN   Parce qu'on dit grenade launcher. Personne ne dit lanceur de grenades. De même qu'on ne dit pas canon
de douze, on dit twelve.

ANNETTE   C'est qui « on » ?

ALAIN   Ça suffit Annette. Ça suffit.

ANNETTE   Les grands baroudeurs,

comme mon mari, ont du mal, il faut les comprendre, à s'intéresser aux événements de quartier.

ALAIN   Exact.

VÉRONIQUE   Je ne vois pas pourquoi. Je ne vois pas pourquoi. Nous sommes citoyens du monde. Je ne vois pas pourquoi il faudrait lâcher sur le terrain de la proximité.

MICHEL   Oh Véro ! Épargne-nous ces formules à la mords-moi le nœud !

VÉRONIQUE   Je vais le tuer.

ALAIN, *portable a vibré*   … Oui, oui enlève « lamentable »… « Grossière ». Il s'agit d'une grossière tentative de… Voilà…

VÉRONIQUE   Elle a raison, ça devient intolérable !

ALAIN   … Sinon il approuve le reste ?… Bon, bon. Très bien. *(Raccroche.)*… Qu'est-ce qu'on disait ?… Grenade launcher ?…

VÉRONIQUE   Je disais, n'en déplaise à mon mari, qu'il n'y a pas d'endroit meilleur qu'un autre pour exercer notre vigilance.

ALAIN   Vigilance… Oui… Annette, c'est absurde de boire dans ton état…

ANNETTE   Quel état ? Au contraire.

ALAIN   C'est intéressant cette notion… *(Portable.)*… Oui, non, aucune interview avant la diffusion du communiqué…

VÉRONIQUE   Monsieur, je vous somme d'interrompre cette conversation éprouvante !

ALAIN   … Surtout pas… Les actionnaires s'en foutront… Rappelle-lui la
souveraineté des actionnaires…

*Annette se dirige vers Alain, lui arrache le
portable et… après avoir brièvement cher-
ché où le mettre… le plonge dans le vase de
tulipes.*

ALAIN   Annette, qu'est-ce… !!!

ANNETTE   Et voilà.

VÉRONIQUE   Ha, ha ! Bravo !

MICHEL, *horrifié*   Oh là là !

ALAIN   Mais tu es complètement
démente ! Merde !!!

*Il se rue vers le vase mais Michel qui l'a
précédé sort l'appareil trempé.*

MICHEL   Le séchoir ! Où est le

séchoir ?! (*Il le trouve et le met aussitôt en marche direction le portable.*)

ALAIN   Il faut t'interner ma pauvre ! C'est ahurissant !… J'ai tout là-dedans !… Il est neuf, j'ai mis des heures à le configurer !

MICHEL, *à Annette ; par-dessus le bruit infernal du séchoir*   Vraiment je ne vous comprends pas. C'est un geste irresponsable.

ALAIN   J'ai tout, j'ai ma vie entière…

ANNETTE   Sa vie entière !…

MICHEL, *toujours le bruit*   Attendez, on va peut-être le récupérer…

ALAIN   Mais non ! C'est foutu !…

MICHEL   On va retirer la batterie et la puce. Vous pouvez l'ouvrir ?

ALAIN, *essayant de l'ouvrir sans y croire*   J'y connais rien, je viens de l'avoir…

MICHEL   Montrez.

ALAIN   C'est foutu… Et ça les fait rire, ça les fait rire !…

MICHEL, *il l'ouvre sans difficulté*   Voilà. *(Réattaquant avec le séchoir après avoir disposé les éléments.)* Au moins toi Véronique, tu pourrais avoir le bon goût de ne pas trouver ça drôle !

VÉRONIQUE, *riant de bon cœur*   Mon mari aura passé son après-midi à sécher des choses !

ANNETTE   Ha, ha, ha !

Annette n'hésite pas à se resservir du rhum. Michel, imperméable à tout humour, s'active avec le plus grand soin.

Pendant un moment, seul le bruit du séchoir règne.
Alain est effondré.

ALAIN   Laissez mon vieux. Laissez.
On ne peut rien faire...

Michel finit par arrêter le séchoir.

MICHEL   Il faut attendre... *(Après un flottement.)* Vous voulez utiliser le téléphone ?...

Alain fait signe que non et qu'il s'en fout.

MICHEL   Je dois dire...

ANNETTE   Qu'est-ce que vous voulez dire Michel ?

MICHEL   Non... Je ne vois même pas quoi dire.

ANNETTE   Moi je trouve qu'on se sent bien. On se sent mieux je trouve. *(Flottement.)*… On se sent tranquilles, non ?… Les hommes sont tellement accrochés à leurs accessoires… Ça les diminue… Ça leur enlève toute autorité… Un homme doit être libre de ses mains… Je trouve. Même une mallette, ça me gêne. Un jour un homme m'a plu et puis je l'ai vu avec un sac rectangulaire en bandoulière, un sac en bandoulière d'homme, mais enfin c'était fini. Le sac en bandoulière c'est ce qu'il y a de pire. Mais le portable à portée de main est aussi ce qu'il y a de pire. Un homme doit donner l'impression d'être seul… Je trouve. Je veux dire de pouvoir être seul… Moi aussi j'ai une idée johnwaynienne de la virilité. Qu'est-ce qu'il avait lui ? Un colt. Un truc qui fait le vide… Un homme qui ne donne pas l'impression d'être un solitaire n'a pas de consistance… Alors Michel vous êtes content. Ça se désagrège un peu notre petit… Comment

vous avez dit ?… J'ai oublié le mot…
Mais finalement… on se sent presque
bien… Je trouve.

MICHEL   Je vous préviens quand
même que le rhum rend dingue.

ANNETTE   Je suis on ne peut plus normale.

MICHEL   Bien sûr.

ANNETTE   Je commence à voir les
choses avec une agréable sérénité.

VÉRONIQUE   Ha, ha ! C'est la meilleure !… Une agréable sérénité !

MICHEL   Quant à toi darjeeling, je ne
vois pas l'utilité de te déglinguer ouver-
tement.

VÉRONIQUE   Boucle-la.

Michel va chercher la boîte à cigares.

MICHEL   Choisissez Alain. Détendez-vous.

VÉRONIQUE   On ne fume pas le cigare dans la maison !

MICHEL   Hoyo ou D4... Hoyo du maire, Hoyo du député...

VÉRONIQUE   On ne fume pas dans une maison où un enfant est asthmatique !

ANNETTE   Qui est asthmatique ?

VÉRONIQUE   Notre fils.

MICHEL   On avait bien une saloperie de hamster.

ANNETTE   C'est vrai qu'un animal n'est pas recommandé quand on a de l'asthme.

MICHEL   Pas du tout recommandé !

ANNETTE   Même un poisson rouge peut s'avérer contre-indiqué.

VÉRONIQUE   Je suis obligée d'écouter ces inepties ? *(Elle arrache des mains de Michel la cave à cigares qu'elle ferme brutalement.)* Je regrette, je suis sans doute la seule à ne pas voir les choses avec une agréable sérénité ! D'ailleurs, je n'ai jamais été aussi malheureuse. Je pense que c'est le jour de ma vie où j'aurai été la plus malheureuse.

MICHEL   Boire te rend malheureuse.

VÉRONIQUE   Michel, chaque mot que tu prononces m'anéantit. Je ne bois pas. Je bois une goutte de ta merde de rhum que tu présentes comme si tu montrais le saint suaire à des ouailles, je ne bois pas et je le regrette amèrement, je serais soulagée de pouvoir m'enfuir dans un petit verre au moindre chagrin.

ANNETTE   Mon mari aussi est malheureux. Regardez-le. Il est voûté. Il a l'air abandonné au bord d'un chemin. Je crois que c'est le jour le plus malheureux de sa vie aussi.

ALAIN   Oui.

ANNETTE   Je suis désolée toutou.

Michel remet un coup de séchoir sur les éléments du portable.

VÉRONIQUE   Arrête ce séchoir ! Il est mort son truc.

MICHEL, *téléphone sonne*   Oui !... Maman je t'ai dit que nous étions occupés... Parce que c'est un médicament qui peut te tuer ! C'est du poison !...

Quelqu'un va t'expliquer… *(Passant le combiné à Alain.)*… Dites-lui.

ALAIN   Dites-lui quoi ?…

MICHEL   Ce que vous savez sur votre cochonnerie.

ALAIN   … Comment ça va madame ?…

ANNETTE   Qu'est-ce qu'il peut lui dire ? Il ne sait rien !

ALAIN   … Oui… Et vous avez mal ?… Bien sûr. Mais l'opération va vous sauver… L'autre jambe aussi, ah oui. Non, non, je ne suis pas orthopédiste… *(En aparté.)*… Elle m'appelle docteur…

ANNETTE   Docteur, c'est grotesque, raccroche !

ALAIN   Mais vous… je veux dire vous n'avez aucun problème d'équilibre ?…

Mais non. Pas du tout. Pas du tout. N'écoutez pas ce qu'on vous dit. Néanmoins, c'est aussi bien si vous l'arrêtez pendant un moment. Le temps... le temps de vous faire opérer tranquillement... Oui, on sent que vous êtes en forme... *(Michel lui arrache le combiné.)*

MICHEL   Bon maman, tu as compris, tu arrêtes ce médicament, pourquoi faut-il que tu discutes tout le temps, tu l'arrêtes, tu fais ce qu'on te dit, je te rappelle... Je t'embrasse, on t'embrasse. *(Raccroche.)* Elle m'épuise. Qu'est-ce qu'on s'emmerde dans la vie !

ANNETTE   Bon alors, finalement ? Je reviens ce soir avec Ferdinand ? Faudrait se décider. On a l'air de s'en foutre. On est quand même là pour ça je vous signale.

VÉRONIQUE   Maintenant c'est moi qui vais avoir un malaise. Où est la cuvette ?

MICHEL, *retirant la bouteille de rhum de la portée d'Annette*   Ça suffit.

ANNETTE   À mon avis, il y a des torts des deux côtés. Voilà. Des torts des deux côtés.

VÉRONIQUE   Vous êtes sérieuse ?

ANNETTE   Pardon ?

VÉRONIQUE   Vous pensez ce que vous dites ?

ANNETTE   Je le pense. Oui.

VÉRONIQUE   Notre fils Bruno, à qui j'ai dû donner deux Efferalgan codéinés cette nuit a tort ?!

ANNETTE   Il n'est pas forcément innocent.

VÉRONIQUE   Foutez le camp ! Je vous

ai assez vus. *(Elle se saisit du sac d'Annette et le balance vers la porte.)* Foutez le camp !

ANNETTE   Mon sac !… *(Comme une petite fille.)* Alain !…

MICHEL   Mais qu'est-ce qui se passe ? Elles sont déchaînées.

ANNETTE, *ramassant ce qui peut être éparpillé*   Alain, au secours !…

VÉRONIQUE   Alain-au-secours !

ANNETTE   La ferme !… Elle a cassé mon poudrier ! Et mon vaporisateur ! *(À Alain.)* Défends-moi, pourquoi tu ne me défends pas ?…

ALAIN   On s'en va. *(Il s'apprête à récupérer les éléments de son portable.)*

VÉRONIQUE   Je ne suis pas en train de l'étrangler !

ANNETTE   Qu'est-ce que je vous ai fait ?!

VÉRONIQUE   Il n'y a pas de torts des deux côtés ! On ne confond pas les victimes et les bourreaux !

ANNETTE   Les bourreaux !

MICHEL   Oh tu fais chier Véronique, on en a marre de ce boniment simpliste !

VÉRONIQUE   Que je revendique.

MICHEL   Oui, oui, tu revendiques, tu revendiques, ça déteint sur tout maintenant ton engouement pour les nègres du Soudan.

VÉRONIQUE   Je suis épouvantée. Pourquoi tu te montres sous ce jour horrible ?

MICHEL   Parce que j'ai envie. J'ai
envie de me montrer sous un jour horrible.

VÉRONIQUE   Un jour vous compren-
drez l'extrême gravité de ce qui se
passe dans cette partie du monde et
vous aurez honte de votre inertie et de
ce nihilisme infect.

MICHEL   Mais tu es formidable darjeeling, la meilleure d'entre nous !

VÉRONIQUE   Oui. Oui.

ANNETTE   Filons Alain, ce sont des
monstres ces gens ! *(Elle finit son verre et
va reprendre la bouteille.)*

ALAIN, *l'en empêchant*   ... Arrête
Annette.

ANNETTE   Non, je veux encore boire,
je veux me saouler la gueule, cette

conne balance mes affaires et personne ne bronche, je veux être ivre !

ALAIN   Tu l'es assez.

ANNETTE   Pourquoi tu laisses traiter ton fils de bourreau ? On vient dans leur maison pour arranger les choses et on se fait insulter, et brutaliser, et imposer des cours de citoyenneté planétaire, notre fils a bien fait de cogner le vôtre, et vos droits de l'homme je me torche avec !

MICHEL   Un petit coup de gnôle et hop le vrai visage apparaît. Où est passée la femme avenante et réservée, avec une douceur de traits…

VÉRONIQUE   Je te l'avais dit ! Je te l'avais dit !

ALAIN   Qu'est-ce que vous aviez dit ?

VÉRONIQUE   Qu'elle était fausse. Elle est fausse cette femme. Je regrette.

ANNETTE, *avec détresse*   Ha, ha, ha !...

ALAIN   À quel moment vous l'avez dit ?

VÉRONIQUE   Quand vous étiez dans la salle de bain.

ALAIN   Vous la connaissiez depuis un quart d'heure mais vous saviez qu'elle était fausse.

VÉRONIQUE   Je sens ça tout de suite chez les gens.

MICHEL   C'est vrai.

VÉRONIQUE   J'ai un feeling pour ce genre de choses.

ALAIN   Fausse, c'est-à-dire ?

ANNETTE   Je ne veux pas entendre ! Pourquoi tu m'obliges à supporter ça Alain !

ALAIN   Calme-toi toutou.

VÉRONIQUE   C'est une arrondisseuse d'angles. Point. En dépit de ses manières. Elle n'est pas plus concernée que vous.

MICHEL   C'est vrai.

ALAIN   C'est vrai.

VÉRONIQUE   C'est vrai ! Vous dites c'est vrai ?

MICHEL   Ils s'en tapent ! Ils s'en tapent depuis le début, c'est évident ! Elle aussi, tu as raison !

ALAIN   Pas vous peut-être ? *(À Annette.)* Laisse parler mon amour. Expliquez-moi en quoi vous êtes concerné Michel. Que veut dire ce mot d'abord ? Vous êtes plus crédible quand vous vous montrez sous un jour horrible. À vrai dire personne n'est concerné ici, sauf Véronique à qui il faut, c'est vrai, reconnaître cette intégrité.

VÉRONIQUE   Ne me reconnaissez rien ! Ne me reconnaissez rien !

ANNETTE   Mais moi je le suis. Je suis tout à fait concernée.

ALAIN   Nous le sommes sous le mode hystérique Annette, non comme des héros de la vie sociale. *(À Véronique.)* J'ai vu votre amie Jane Fonda l'autre jour à la télé, j'étais à deux doigts d'acheter un poster du Ku Klux Klan…

VÉRONIQUE   Pourquoi mon amie ? Qu'est-ce que Jane Fonda vient faire là-dedans !…

ALAIN   Parce que vous êtes de la même espèce. Vous faites partie de la même catégorie de femmes, les femmes investies, solutionnantes, ce n'est pas ce qu'on aime chez les femmes, ce qu'on aime chez les femmes c'est la sensualité, la folie, les hormones, les femmes qui font état de leur clairvoyance, les gardiennes du monde nous rebutent, même lui ce pauvre Michel, votre mari, est rebuté…

MICHEL   Ne parlez pas en mon nom !

VÉRONIQUE   On se fout complètement de ce que vous aimez chez les femmes ! D'où sort cette tirade ? Vous êtes un homme dont on se fout royalement de l'avis !

ALAIN   Elle hurle. Quartier-maître sur un thonier au dix-neuvième siècle !

VÉRONIQUE   Et elle, elle ne hurle pas ?! Quand elle dit que son petit connard a bien fait de cogner le nôtre ?

ANNETTE   Il a bien fait, oui ! Au moins on n'a pas un petit pédé qui s'écrase !

VÉRONIQUE   Vous avez une balance, c'est mieux ?

ANNETTE   Partons Alain ! Qu'est-ce qu'on fait encore dans cette baraque ? *(Elle fait mine de partir puis revient vers les tulipes qu'elle gifle violemment. Les fleurs volent, se désagrègent et s'étalent partout.)* Et tiens, tiens, voilà ce que j'en fais de vos fleurs minables, vos tulipes hideuses !… Ha, ha, ha !… *(Elle s'effondre en pleurs.)*… C'est le pire jour de ma vie aussi.

Silence.

Un long temps de stupeur.

Michel ramasse quelque chose par terre.

MICHEL, *à Annette*   C'est à vous ?...

ANNETTE, *elle prend l'étui, l'ouvre et sort les
lunettes*   Merci...

MICHEL   Elles sont intactes ?...

ANNETTE   Oui...

Flottement.

MICHEL   Moi je dis...

*Alain entreprend de ramasser les tiges et les
pétales.*

MICHEL   Laissez.

ALAIN   Mais non...

Le téléphone sonne.

Après une hésitation Véronique décroche.

VÉRONIQUE   Oui ma chérie… Ah bon… Mais tu pourras faire tes devoirs chez Annabelle ?… Non, non chérie on ne l'a pas retrouvée… Oui, je suis allée jusqu'à Franprix. Mais tu sais, Grignote est très débrouillarde mon amour, je crois qu'il faut avoir confiance en elle. Tu penses qu'elle se plaisait dans une cage ?… Papa est triste, il ne voulait pas te faire de peine… Mais si. Mais si tu vas lui parler. Écoute mon amour, on est déjà assez embêtés avec ton frère… Elle mangera… elle mangera des feuilles… des glands, des marrons d'Inde… elle trouvera, elle sait ce qu'elle doit manger… des vers, des escargots, ce qui sera tombé des poubelles, elle est omnivore comme nous… À tout à l'heure mon trésor.

Flottement.

MICHEL   Si ça se trouve, cette bête festoie à l'heure qu'il est.

VÉRONIQUE   Non.

Silence.

MICHEL   Qu'est-ce qu'on sait ?

Le dieu du carnage a été créé au théâtre Antoine,
à Paris, le 25 janvier 2008

Mise en scène : Yasmina REZA
Assistant à la mise en scène : Daniel AGACINSKI
Décor : Thierry FLAMAND
Costumes : Nathalie LECOULTRE
Lumières : Gaëlle de MALGLAIVE
Son : Pierre-Jean HORVILLE

Distribution
  Véronique : Isabelle HUPPERT
  Michel : André MARCON
  Annette : Valérie BONNETON
  Alain : Éric ELMOSNINO

DU MÊME AUTEUR

Romans, récits

HAMMERKLAVIER (Folio n° 6239)

UNE DÉSOLATION (Folio n° 6136)

ADAM HABERBERG (première édition), repris sous le titre :
HOMMES QUI NE SAVENT PAS ÊTRE AIMÉS (deuxième
édition) (Livre de poche n° 30153), puis sous le titre original (troi-
sième édition) (Folio n° 6000)

NULLE PART (Folio n° 6138)

DANS LA LUGE D'ARTHUR SCHOPENHAUER (Folio n° 5991)

L'AUBE LE SOIR OU LA NUIT (J'ai lu n° 8930)

HEUREUX LES HEUREUX (Folio n° 5813)

BABYLONE, prix Renaudot 2016

Théâtre

« ART », (Folio n° 6240)

CONVERSATIONS APRÈS UN ENTERREMENT, LA TRAVER-
SÉE DE L'HIVER, L'HOMME DU HASARD et « ART », repris
dans THÉÂTRE (Livre de poche n° 14701)

LE PIQUE-NIQUE DE LULU KREUTZ

TROIS VERSIONS DE LA VIE

UNE PIÈCE ESPAGNOLE

LE DIEU DU CARNAGE (Folio n° 6137)

COMMENT VOUS RACONTEZ LA PARTIE (Folio n° 5814)

BELLA FIGURA

TROIS VERSIONS DE LA VIE, UNE PIÈCE ESPAGNOLE, LE
DIEU DU CARNAGE (Folio n° 6137) ET COMMENT VOUS
RACONTEZ LA PARTIE (Folio n° 5814) repris dans THÉÂTRE
(Folio n° 6356)

COLLECTION FOLIO

Composition Nord Compo
Impression Novoprint
à Barcelone, le 7 janvier 2020
Dépôt légal : janvier 2020
1er dépôt légal dans la collection : avril 2016

ISBN 978-2-07-046800-3./Imprimé en Espagne.